JURISPRUDENCE

DE LA COUR DE CASSATION

SUR LA

LOI ÉLECTORALE

DU 7 JUILLET 1874

PAR

HENRI COULON

AVOCAT A LA COUR D'APPEL DE PARIS

(ARTICLE EXTRAIT DE *LA FRANCE JUDICIAIRE*)

PARIS

A. DURAND et PEDONE-LAURIEL, Éditeurs,
LIBRAIRES DE LA COUR D'APPEL ET DE L'ORDRE DES AVOCATS
G. PEDONE-LAURIEL, SUCCESSEUR
13, rue Soufflot, 13.

1878

JURISPRUDENCE

DE LA COUR DE CASSATION

SUR LA

LOI ÉLECTORALE

DU 7 JUILLET 1874

PAR

HENRI COULON

AVOCAT A LA COUR D'APPEL DE PARIS

(ARTICLE EXTRAIT DE *LA FRANCE JUDICIAIRE*)

PARIS

A. DURAND et PEDONE-LAURIEL, Éditeurs,

LIBRAIRES DE LA COUR D'APPEL ET DE L'ORDRE DES AVOCATS

G. PEDONE-LAURIEL, SUCCESSEUR

13, rue Soufflot, 13.

1878

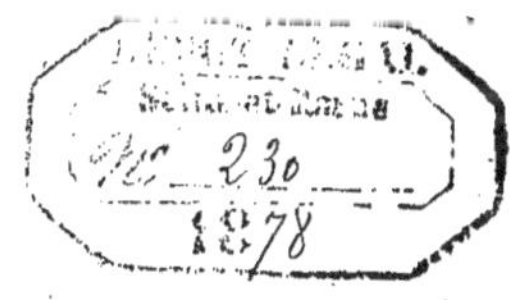
BIBLIOTHÈQUE NATIONALE R.F. IMPRIMÉS

Pièce 8° F 334

ÉLECTIONS. — LISTES ÉLECTORALES. — FORMATION. — LOI DU 7 JUILLET 1874. — JURISPRUDENCE DE LA COUR DE CASSATION.

De nombreuses propositions avaient été faites à l'Assemblée nationale touchant l'organisation des communes, et spécialement l'élection des maires et des conseils municipaux.

Ces divers projets furent renvoyés à la commission de décentralisation; et, à la date du 31 juillet 1873, M. de Chabrol, député, présenta à l'Assemblée, au nom de cette commission, un rapport fort étendu. (*Journal officiel* des 26, 27, 28, 30 août, 1er et 2 septembre 1873.)

De nouvelles propositions furent faites en 1874, et M. de Chabrol soumit à l'Assemblée, le 7 mars 1874, un rapport supplémentaire suivi d'un projet de loi. (*Journal officiel* des 14, 16, 17 et 18 avril 1874.)

Ce projet contenait dix-huit articles. Il ne statuait pas seulement sur les conditions exigées pour être électeur municipal; il établissait aussi les règles relatives à la nomination des maires et des adjoints. Ces dernières dispositions ont été écartées. La discussion a commencé le 1er juin, elle a continué du 8 au 30 juin, et du 1er au 7 juillet. (*Journal officiel* des 2, 9, 10, 11, 12, 13 juin, et du 1er au 7 juillet 1874.)

La loi a été votée le 7 juillet (*Journal officiel* du 8 juillet) et réglementée par des circulaires du ministre de l'intérieur des 20 juillet et 1er août 1874.

MM. de Chabrol, Jozon, d'Haussonville, Jouin, Ferry, général Robert, Fourtou, ministre de l'intérieur, Vautrain, Ganivet et Brisson se sont principalement occupés de la question et ont pris la parole lors de sa discussion.

Le projet de loi adopté ne contient plus que huit articles.

La composition de la commission chargée de dresser les listes électorales a été l'objet d'une longue discussion.

L'article le plus important de la loi est l'article 5, on pourrait dire que c'est le seul important; tous les autres, en effet, contiennent des dispositions réglementaires peu différentes de celles qui les ont précédées.

Voici le texte de la loi du 7 juillet 1874, annoté à l'aide des décisions rendues, en cette matière, par la cour de cassation, depuis 1874 jusqu'en 1878.

ARTICLE PREMIER. — A partir de la promulgation de la présente loi, une liste électorale, relative aux élections municipales, sera dressée dans chaque commune par une commission composée du maire, d'un délégué de l'administration désigné par le préfet, et d'un délégué choisi par le conseil municipal.

Dans les communes qui auront été divisées en sections électorales, la liste sera dressée, dans chaque section, par une commission composée : 1o du maire ou adjoint ou d'un conseiller municipal dans l'ordre du tableau; 2o d'un délégué de l'administration désigné par le préfet; 3o d'un délégué choisi par le conseil municipal.

Lorsque la commune est divisée en plusieurs cantons, le sectionnement devra être opéré de telle sorte qu'une section électorale ne puisse comprendre des portions de territoire appartenant à plusieurs cantons.

A Paris et à Lyon, la liste sera dressée, dans chaque quartier ou section, par une commission composée du maire de l'arrondissement ou d'un adjoint délégué, du conseiller municipal élu dans le quartier ou la section, et d'un électeur désigné par le préfet du département.

Il sera dressé en outre, d'après les listes spéciales à chaque section ou quartier, une liste générale des électeurs de la commune, par ordre alphabétique.

A Paris et à Lyon, cette liste générale sera dressée par arrondissement [1].

---

1. Les décisions des commissions municipales qui, en matière d'élections municipales, sont de véritables juridictions, sont susceptibles d'acquérir la force de chose jugée. — (Arr. req. 14 avril 1875.)

Il avait d'abord été soutenu que les commissions municipales, chargées de la révision des listes électorales, étaient une véritable juridiction, et que, bien qu'elles ne fassent pas partie de l'ordre judiciaire, il y avait néanmoins lieu de recourir à la prise à partie pour poursuivre contre leurs membres la réparation d'un préjudice causé par leur faute; mais cette fin de non-recevoir a été écartée par un jugement de première instance et n'a pas été reproduite devant la cour. — (Arr. crim. 13 janvier 1872.)

Les membres de ces commissions ne doivent pas être déclarés responsables d'une décision

Article 2. — Les listes seront déposées au secrétariat de la mairie, communiquées et publiées conformément à l'article 2 du décret réglementaire du 2 février 1842.

Les demandes en inscription ou en radiation devront être formées dans le délai de vingt jours, à partir de la publication des listes ; elles seront soumises aux commissions indiquées dans l'article 1er auxquelles seront adjoints deux autres délégués du conseil municipal.

A Paris et à Lyon, deux électeurs domiciliés dans le quartier ou la section et nommés, avant tout travail de révision, par la commission instituée en l'article 1er, seront adjoints à cette commission [2].

Article 3. — L'appel des décisions de ces commissions sera porté devant le juge de paix, qui statuera conformé-

---

portant que l'inscription d'un citoyen sur les listes électorales sera ajournée jusqu'à ce qu'il ait « fourni des explications par écrit sur une situation que la rumeur publique lui attribue, et un fait de nature à motiver son exclusion des listes électorales. » Dit qu'il est décidé, en fait, par le jugement objet du pourvoi, que la délibération n'est pas injurieuse, et qu'il était facile au demandeur d'en obtenir la réparation. — (Arr. civ. 4 juin 1877.)

Les listes électorales étant permanentes, les listes arrêtées le 31 mars restent telles qu'elles ont été dressées jusqu'à la même époque de l'année suivante.

Le failli, qui obtient sa réhabilitation après la clôture des listes électorales, est sans droit pour se faire inscrire en dehors des délais accordés pour la révision de ces listes. — (Arr. civ. 24 juillet 1876.)

Le préfet ayant reçu de la loi la mission de demander l'inscription des électeurs indûment omis, ou la radiation des citoyens illégalement inscrits sur les listes électorales, a qualité pour déférer à la cour de Cassation les décisions qui ont rejeté les réclamations par lui présentées. — (Arr. civ. 14 mai 1877.)

2. L'article 2 de la loi du 7 juillet 1874 a maintenu le principe de la permanence de la liste électorale.

Par suite, le sectionnement ordonné par une délibération du conseil général en 1874 ne peut pas modifier la liste électorale arrêtée définitivement le 27 septembre de la même année, et porter atteinte aux droits des électeurs inscrits sur cette liste. L'électeur inscrit sur cette liste n'a pas, lors de la révision annuelle faite en 1875, à présenter une nouvelle demande d'inscription et à produire de nouveau la justification d'une résidence de deux années consécutives dans la commune.

Un juge de paix procède donc régulièrement, dans ces circonstances de fait et de droit, en maintenant sur la liste électorale municipale, sans nouvelles demande et justification, un électeur dont la radiation n'est motivée par aucune cause. — (Arr. req. 23 mars 1875.)

Des électeurs ont été rayés de la liste électorale ; — mais les listes ont été dressées et publiées suivant les prescriptions de la loi du 7 juillet 1874, et les électeurs en question n'ont produit aucune réclamation dans les délais légaux contre l'omission faite à leur préjudice. — La radiation de ces électeurs ne peut motiver ultérieurement une réclamation contre les élections. — (Arr. cons. d'État 7 août 1875.)

La permanence des listes n'est pas un obstacle à ce que, lors de la révision annuelle, un citoyen demande la radiation d'électeurs qui s'y trouvent indûment portés. — (Arr. civ. 24 avril 1877.)

Aucun délai n'étant imposé pour la production des pièces justificatives d'une demande en inscription, elles sont, à défaut de l'avoir été devant la commission, valablement produites au juge de paix chargé de statuer en appel. — (Arr. civ. 24 avril 1877.)

Les tiers sont sans qualité pour demander qu'un électeur soit inscrit sur une liste électorale, lorsqu'à défaut d'un pouvoir spécial par eux reçu à cet effet, ils ne produisent pas une demande émanée de l'électeur lui-même. — (Arr. civ. 24 avril 1877.)

Celui qui est en droit de se faire porter sur la liste électorale de la commune dans laquelle il paie des contributions, n'est pas tenu de présenter la demande au moment de la formation de la liste ; il suffit qu'il agisse avant l'expiration du délai de vingt jours et devant la commission chargée de statuer sur les réclamations que fait naître la confection de la liste. — (Arr. civ. 24 avril 1877.)

L'électeur inscrit légalement sur une liste n'en doit pas être rayé, par le seul motif qu'il serait inscrit sur une autre liste. C'est à celui qui poursuit la radiation à établir que l'électeur a opté pour son inscription sur l'autre liste, ou qu'il y a été porté, si ce n'est sur sa demande, au moins avec son adhésion. Mais l'électeur inscrit sur une liste ne peut obtenir son inscription sur la liste d'une autre commune sans se faire préalablement rayer de la première liste et rapporter la preuve de cette radiation. — (Arr. civ. 6 mai 1878.)

ment aux dispositions du décret organique du 2 février 1852[3].

ARTICLE 4. — L'électeur qui aura été l'objet d'une radiation d'office de la part des commissions désignées à l'article 1er ou dont l'inscription aura été contestée devant lesdites commissions,

---

3. Le juge de paix, qui fonde la radiation d'un citoyen inscrit sur une liste électorale par ce motif qu'il est inscrit sur une autre liste électorale, en déclarant que cette dernière est définitive, et que, les délais étant expirés, elle ne peut plus être modifiée, fait une saine et juste application des articles de la loi du 7 juillet 1874.

Si le citoyen avait l'intention de se faire inscrire sur la liste dont il a été rayé, il n'a qu'à s'en prendre à lui-même de n'avoir pas préalablement réclamé sa radiation de la liste sur laquelle il a laissé maintenir son nom.

Une commission municipale, juge en première instance de l'inscription sur la liste électorale, est sans qualité pour se pourvoir en cassation contre la décision du juge de paix. — (Arr. req. octobre 1874.)

Un maire qui a fait partie de la commission municipale, ayant refusé l'inscription d'un citoyen sur la liste électorale, n'est pas recevable à interjeter appel de cette décision devant le juge de paix. — (Arr. req. octobre 1874.)

Tout pourvoi en cassation en matière électorale, pour être recevable, doit être notifié à la partie adverse dans le délai de dix jours.

Le préfet n'a qualité pour se pourvoir en cassation contre une décision du juge de paix en matière électorale, que s'il a été partie devant ce magistrat.

Un maire qui a fait partie de la commission municipale, ayant refusé l'inscription d'un citoyen sur la liste électorale, n'est pas recevable à se pourvoir en cassation.

Il est aussi sans qualité pour se pourvoir contre un jugement du juge de paix dans lequel il n'a pas été partie. — (Arr. req. octobre 1874.)

Celui qui demande la cassation d'une sentence rendue par le juge de paix en matière électorale, doit, à peine d'irrecevabilité de son pourvoi, indiquer, soit dans sa déclaration de recours, soit dans un écrit ultérieur, les moyens qu'il entend faire valoir, et les textes qu'il prétend avoir été violés à son égard. — (Arr. civ. 21 février 1877.)

En cas d'appel porté devant le juge de paix en matière électorale, si la demande implique la solution préjudicielle d'une question d'état, le juge de paix doit renvoyer préalablement les parties à se pourvoir devant le tribunal compétent. — (Arr. civ. 14 mars 1877.)

Il ne suffit pas de prétendre que celui dont on conteste l'inscription sur une liste électorale est français pour obliger le juge de paix à surseoir jusqu'à la décision du litige préjudiciel par le tribunal compétent. Le sursis est obligatoire seulement au cas où le contestant produit des pièces tendant à faire présumer qu'en réalité, celui dont il demande l'inscription sur la liste est français. — (Arr. req. 14 août 1865; Arr. civ. 19 et 26 mars 1877.)

Le juge de paix n'a pas à mettre en cause devant lui les membres de la commission municipale qui ont rendu la sentence dont l'appel est porté à sa barre.

Nul ne pouvant être juge et partie dans la même cause, si ces juges de premier degré intervenaient en appel, il y aurait là une cause de nullité à la sentence qui serait rendue. — (Arr. civ. 8 avril 1878.)

Le juge de paix est compétent pour examiner si la commission municipale a été ou non régulièrement composée; et lorsque, prétextant son défaut de pouvoir, il refuse de décider la question à lui posée à cet égard par le réclamant, son jugement doit être annulé. — (Arr. civ. 23 avril 1877.)

Il y a nullité de jugement rendu avec le maire comparaissant comme intimé, et afin de défendre, contre l'appel dont elle est l'objet, la décision que la commission municipale a rendue sous sa présidence. — (Arr. civ. 24 avril 1877.)

Les décisions définitives peuvent seules être déférées à la cour de Cassation, il y a lieu de déclarer irrecevable le recours ayant pour objet la sentence de la commission municipale rendue en dernier ressort, et non un jugement qui aurait statué sur l'appel dont elle aurait été frappée. — (Arr. civ. 24 avril 1877.)

Le délai accordé par la loi au tiers électeur qui veut contester, au moyen d'un appel, une inscription admise par la commission municipale, ne peut appartenir qu'à ceux qui ne sont pas intervenus en première instance. Quant à ces derniers, ils bénéficient seulement du délai de cinq jours accordé à la partie dont la prétention a été rejetée, et qui a pour point de départ la notification qui lui a été faite de la sentence critiquée. — (Arr. civ. 24 avril 1877.)

C'est avec raison que le juge de paix refuse de faire inscrire sur une liste électorale un citoyen dont on ne produit pas la demande personnelle, condition nécessaire pour l'inscription.

Il lui appartient, aussi bien qu'à la commission municipale, de relever d'office l'inaccomplissement de cette formalité essentielle. — (Arr. civ. 25 avril 1877.)

Le juge de paix n'est pas tenu de surseoir à statuer sur la question de savoir si l'électeur, dont l'inscription sur la liste électorale est contestée, est ou non français, lorsque, d'une part, cet électeur est en possession d'une nationalité française ou étrangère, laquelle lui a été précédemment reconnue par une décision passée en force de chose jugée, et lorsque, d'autre part, le contestant n'allègue pas qu'aucun fait nouveau,

sera averti sans frais par le maire et pourra présenter ses observations.

Notification de la décision des commissions sera, dans les trois jours, faite aux parties intéressées, par écrit et à domicile, par les soins de l'administration municipale ; elles pourront interjeter appel dans les cinq jours de la notification.

Les listes électorales seront réunies

---

susceptible d'infirmer la décision, se soit produit depuis qu'elle a été rendue. — (Arr. civ. 30 avril 1877.)

Le juge de paix devant, en matière d'élection, statuer sans être astreint à aucune forme de procédure, les parties peuvent se borner à transmettre par écrit au tribunal leurs réclamations et leurs défenses.

Il suffit, pour satisfaire aux prescriptions de la loi, que les jugements énoncent les noms des parties, leurs qualités et les faits qui donnent lieu au litige. — (Arr. civ. 30 avril 1877.)

Des réclamations écrites peuvent être adressées au tribunal ; mais pour que cela soit, il faut que le juge de paix se trouve saisi par un appel régulier.

C'est ensuite qu'il est tenu de statuer sur les écrits à lui transmis par les parties. — (Arr. civ. 30 avril 1877.)

Le délai de pourvoi court à partir de la signification du jugement au juge de paix contre lequel il est dirigé, et non à compter de l'expiration du délai dans lequel cette signification aurait dû être faite. Aucune disposition de loi n'oblige l'administration à faire signifier la sentence du juge de paix dans un délai déterminé. — (Arr. civ. 6 mai 1878.)

Le juge qui reconnaît qu'un citoyen a quitté une commune d'une manière permanente, ne peut le maintenir sur les listes électorales, sous prétexte qu'il n'a pas perdu l'espoir de retour et que ce sont les nécessités de sa profession qui l'ont obligé à s'éloigner de la commune. — (Arr. civ. 6 mai 1878.)

Tout électeur inscrit a le droit d'interjeter appel des décisions rendues par les commissions municipales quand même il n'aurait pas été partie aux décisions rendues par elles.

Ce droit d'appel doit être exercé dans les vingt jours de la décision.— (Arr. civ. 8 mai 1877.)

On ne saurait argumenter, pour la première fois, devant la cour de Cassation, de ce que l'appelant ne se serait pas présenté devant le juge de paix à l'effet d'y soutenir son appel. — (Arr. civ. 8 mai 1877.)

On ne peut soutenir que le président de la commission municipale a été partie dans l'instance d'appel, lorsque cette intervention de sa part ne ressort ni du jugement ni d'aucun des documents de la cause.— (Arr. civ. 8 mai 1877.)

La loi voulant que l'appel de la décision prise par la commission municipale soit formé par simple déclaration faite au greffe, c'est à bon droit que le juge de paix a déclaré l'erreur d'un appel à lui adressé par lettre missive. — (Arr. civ. 8 mai 1877.)

Le demandeur n'ayant pas indiqué, en appel, sur quel titre spécial il fondait sa prétention d'être inscrit sur une liste électorale, le juge lui répond suffisamment en lui disant qu'il ne remplit aucune des conditions voulues par l'article 5 de la loi du 7 juillet 1874. — (Arr. civ. 8 mai 1877.)

Il n'y a pas lieu à révision des faits déclarés constants par le juge de paix, et si ce magistrat a cru légalement conclure de ces faits que le réclamant était sans droit d'être inscrit sur les listes électorales, son jugement doit être maintenu. — (Arr. civ. 14 mai 1877.)

Pour déférer un jugement à la cour de Cassation, il faut y avoir été partie, et l'on ne saurait reconnaître cette qualité à l'égard du jugement rendu sur appel, à celui qui a signifié à un juge de paix qu'il intervenait sur un appel non encore interjeté, et que s'il a été régularisé, il l'a été seulement au nom d'une personne ne figurant pas au nombre de celles que le demandeur indiquait comme les appelants de la décision qu'il prétendait vouloir défendre. — (Arr. civ. 14 mai 1877.)

Le juge de paix est compétent pour déclarer si la décision prise par la commission l'a été ou non dans les délais légaux. — (Arr. civ. 14 mai 1877.)

Il y a lieu de prendre pour constants les faits déclarés tels par le juge de paix et de maintenir sa sentence du moment qu'il a dû légalement conclure des faits reconnus que le citoyen qu'on prétendait faire inscrire sur la liste électorale ne saurait y être porté. — (Arr. civ. 15 mai 1877.)

Lorsqu'en cas d'appel de la décision par laquelle une commission municipale l'a radié de la liste électorale, un citoyen présente au juge de paix la copie qui lui a été notifiée de cette décision, ce juge de paix ne peut, quelqu'informe que soit la copie, rejeter l'appel sans examen et sous prétexte que l'existence de la sentence frappée d'appel ne serait pas établie. — (Arr. civ. juin 1877.)

Si le demandeur n'a pas excipé devant le juge de paix de ce qu'il serait porté sur le rôle des prestations en nature de la commune, il est non recevable à élever pour la première fois cette prétention devant la cour de Cassation. — (Arr. civ. 4 juin 1877.)

Le juge de paix ne peut connaître que comme juge d'appel ; il est dès lors fondé, en l'absence d'une décision de la commission municipale, à rejeter la demande qui lui est directement adressée et qui tend, de la part du réclamant à

en un registre et conservées dans les archives de la commune. Tout électeur pourra prendre communication et copie de la liste électorale [4].

ARTICLE 5. — Sont inscrits sur la liste des électeurs municipaux tous les citoyens âgés de vingt et un ans, jouissant

---

son inscription sur une liste électorale. — (Arr. civ. 11 juin 1877.)

Aux termes de l'article 22 du décret organique du 2 février 1852, maintenu en vigueur par la loi du 7 juillet 1874, le juge de paix est tenu d'avertir les parties intéressées du jour où il doit statuer sur l'appel qui lui est soumis en matière électorale.— (Arr. civ. 27 juin 1877.)

La cour de Cassation n'a point à tenir compte des pièces qui n'ont pas été soumises au juge de paix qui a rendu la sentence attaquée ; elle ne saurait, dès lors, afin de contredire les déclarations d'un jugement, se fonder sur un certificat postérieur en date à ce jugement, et duquel le demandeur prétendrait tirer la preuve que l'électeur dont il a vainement réclamé la radiation de la liste d'une commune serait déjà porté sur la liste d'une autre commune.— (Arr. civ. 27 juin 1877.)

Le juge de paix statuant en matière électorale est tenu d'avertir les parties, trois jours au moins à l'avance, du jour où il doit statuer sur l'appel qui lui est déféré, et il y a nullité de la sentence qui ne constate pas l'accomplissement de cette formalité essentielle. — (Arr. civ. 27 juin 1877.)

Le demandeur doit, à peine de déchéance, dénoncer son pourvoi aux électeurs qui ont, en appel, combattu son inscription sur la liste électorale. — (Arr. civ. 27 juin 1877.)

Les certificats officiels qui se trouvent joints aux pièces d'un appel doivent être considérés comme ayant été soumis au juge de paix, bien que la décision n'en fasse pas mention et n'en ait tenu aucun compte.— (Arr. civ. 27 juin 1877.)

Le juge de paix ne peut rejeter l'appel formé contre la décision de la commission municipale sous prétexte qu'elle ne lui aurait pas été produite, lorsqu'il résulte de son jugement même que c'est la minute originale de cette décision qui a été mise sous ses yeux.

Le juge de paix ne peut condamner aux dépens la partie qui succombe en matière électorale. — (Arr. civ. 8 mai 1878.)

4. L'omission constatée d'un certain nombre d'électeurs sur les listes ne constitue pas par elle-même un cas de nullité absolue. Il faudrait pour cela que l'on y reconnût le résultat d'une manœuvre. Mais il va de soi, on le conçoit, qu'en dehors même de ce cas de manœuvres, l'omission d'un nombre considérable d'électeurs ne rencontrerait pas la même indulgence. En employant le terme « un certain nombre », le conseil d'État (2 juillet 1875) a

laissé suffisamment entendre que, d'après l'instruction, l'omission n'avait pas eu l'importance que lui assignait le pourvoi. La solution à donner sur ce point n'a donc pas une règle fixe.

Le délai pour interjeter appel de la décision de la commission municipale ne court pas contre la partie, à l'expiration du délai de trois jours donné à l'administration pour qu'elle signifie la décision, dès lors et bien que cette décision n'ait été notifiée qu'après les trois jours courant de sa prononciation, l'intéressé n'en a pas moins le délai de cinq jours à compter de la signification qui lui est spécialement faite, pour interjeter l'appel que la loi autorise. — (Arr. req. 11 novembre 1874 ; — arr. req. 20 juin 1875 ; — arr. civ. 11 juin 1877.)

L'article 4 de la loi du 7 juillet 1874 porte que l'électeur qui aura été l'objet d'une radiation d'office devra en être averti sans frais par le maire.

Cette disposition n'est pas applicable à des électeurs qui n'ont pas été portés sur des listes établies pour la première fois.

Ces électeurs ne peuvent être considérés comme des électeurs rayés d'office dans le sens de l'article 4 précité. — (Arr. civ. 7 août 1875.)

L'avertissement prescrit par l'article 4 de la loi du 7 juillet 1874, doit être donné dans le cas où l'électeur a été rayé d'office par la première commission municipale et dans celui où l'inscription de l'électeur vient à être contestée devant la seconde commission par un tiers électeur usant de la faculté que lui confère l'article 19 du décret organique du 2 février 1852 ; mais le maire n'a point à avertir le réclamant de l'opposition que sa demande d'inscription rencontre au sein de la commission ; ce demandeur doit justifier sa prétention et prévoir les objections dont elle est susceptible. — (Arr. civ. 15 mai 1877.)

La notification de la décision de la commission municipale peut seule faire courir le délai de cinq jours accordés à l'électeur intéressé par l'article 4 de la loi du 7 juillet 1874, pour interjeter appel de cette décision.

Il en est ainsi alors même que la notification n'aurait pas été faite dans les trois jours donnés par la loi à l'administration municipale pour accomplir cette formalité. — (Arr. civ. 11 juin 1877.)

La décision des commissions municipales n'étant pas en dernier ressort, et pouvant être déférées en appel aux juges de paix des cantons, elles ne sauraient être l'objet de recours directs devant la cour de Cassation. — (Arr. civ. 8 mai 1878.)

de leurs droits civils et politiques, et n'étant dans aucun cas d'incapacité prévu par la loi [5].

§ Ier. — Qui sont nés dans la commune ou y ont satisfait à la loi du re-

---

5. L'individu condamné pour le délit de violation de domicile, prévu et puni par l'article 184 du code pénal, n'est pas privé de ses droits électoraux; ce délit ne peut être assimilé au délit d'attaque au principe de la propriété. — (Arr. req. 16 mars 1875.)

L'inscription sur la liste électorale est à bon droit refusée à l'individu qui, tout en justifiant qu'il est né en France d'un étranger et qu'il a servi dans les armées françaises, ne justifie pas qu'il ait fait la déclaration prescrite par l'article 9 du code civil pour cesser d'être étranger. — (Arr. req. 12 avril 1875.)

Une condamnation à la prison pour délit de pêche fluviale n'entraîne pas l'incapacité électorale prévue par les articles 15 et 16 du décret du 2 février 1852. — (Arr. civ. 26 mars 1877.)

L'enfant né d'un Savoisien est devenu Français, par la réunion de la Savoie à la France, en vertu du traité du 24 mars 1860. Sa nationalité étant certaine, le juge de paix ne saurait, sous prétexte de sa prétendue extranéité, refuser de prescrire son inscription sur la liste électorale de la commune où il habite, s'il remplit toutes les conditions pour être électeur. — (Arr. civ. 26 mars 1877.)

Bien qu'un individu ait été une ou plusieurs fois condamné, il est régulièrement maintenu sur la liste électorale, dans le cas où aucune des condamnations, dont il a été l'objet, n'est au nombre de celles que la loi a spécialement indiquées comme entraînant la perte des droits électoraux. — (Arr. civ. 23 avril 1877.)

Le point de savoir si les citoyens, dont l'inscription sur une liste électorale est contestée, ont ou non leur résidence dans la commune à laquelle ladite liste se réfère, ne constitue qu'une gestion de fait dont la solution appartient souverainement au juge de paix. — (Arr. civ. 23 avril 1877.)

Le pourvoi en cassation ne pouvant être apprécié que d'après l'état des justifications faites devant le tribunal dont la décision est attaquée, il y a lieu de rejeter le recours formé contre une décision portant que le réclamant n'a produit aucune justification propre à établir qu'il remplissait les conditions exigées par la loi, de ceux qui poursuivent leur inscription sur les listes électorales. — (Arr. civ. 14 mai 1877.)

Les condamnés pour vol ou abus de confiance ne pouvant, aux termes de la loi, être inscrits sur les listes électorales, c'est avec raison qu'a été rejetée la demande d'inscription formée par un individu qu'un tribunal correctionnel avait condamné, pour un fait de cette nature, à quatre mois de prison. — (Arr. civ. 14 mai 1877.)

crutement, et, s'ils n'y ont pas conservé leur résidence, sont venus s'y établir de nouveau depuis six mois au moins [6].

§ II. — Qui, même n'étant pas nés dans la commune, y auront été ins-

---

La personne condamnée à quarante jours d'emprisonnement, pour entrave à la liberté du travail, étant frappée pour un délit qui, d'après la loi, n'entraîne pas la perte des droits électoraux, doit être inscrite sur la liste électorale de la commune où elle remplit les conditions voulues par la loi. — (Arr. civ. 15 mai 1877.)

Tout électeur inscrit sur la liste municipale d'une commune a, aux termes de l'article 1er de la loi du 30 novembre 1875, le droit d'y concourir aux élections législatives, s'il n'a pas usé de la faculté de transférer dans une autre commune son domicile politique. — (Arr. civ. 27 juin 1877.)

Celui dont le nom n'a pas figuré sur la liste électorale de l'année précédente, ne peut demander son inscription sur la liste nouvelle, sous prétexte qu'il aurait été plusieurs années auparavant inscrit au nombre des électeurs de la commune; il doit établir qu'il remplit actuellement les conditions exigées par la loi du 7 juillet 1874. — (Arr. civ. 3 avril 1878.)

Est nulle, comme violant l'autorité de la chose jugée, la sentence ordonnant l'inscription sur la liste électorale d'individus qui en ont été radiés par une première sentence rendue en exécution de jugements et d'arrêts les proclamant étrangers. — (Arr. civ. 6 mai 1878.)

Quand un électeur, déjà inscrit sur la liste d'une commune, demande à être porté sur la liste d'une commune différente, il doit justifier préalablement que son nom a été radié de la liste électorale sur laquelle il se trouvait. — (Arr. civ. 6 mai 1878.)

Au contraire, l'électeur régulièrement inscrit dans une commune, où il cherche depuis plusieurs années ses droits électoraux, et simplement défendeur à une action en radiation contre lui formée, conserve le bénéfice de cette inscription sans qu'il puisse être tenu de faire aucune justification. Il ne saurait être déchu de ce bénéfice sous l'unique prétexte qu'il se trouverait inscrit en même temps sur les listes électorales d'une autre commune. — (Arr. civ. 18 avril 1878, conf. 6 mai.)

C'est violer la loi que d'inscrire un électeur sur une liste électorale, malgré la contestation dont sa demande est l'objet, sans faire connaître comment il réunit les conditions exigées par la loi. — (Arr. civ. 6 mai 1878.)

6. Le droit d'inscription sur la liste électorale d'une commune appartient sans délai à celui qui, ayant satisfait à la loi du recrutement militaire dans la commune où il est né, vient y résider; il n'en est pas de même pour celui qui

crits depuis un an au rôle d'une des quatre contributions directes ou au rôle des prestations en nature, et, s'ils ne résident pas dans la commune, auront déclaré vouloir y exercer leurs droits électoraux.

Seront également inscrits aux termes du présent paragraphe, les membres de la famille des mêmes électeurs compris dans la cote de la prestation en nature, alors même qu'ils n'y sont pas personnellement portés, et les habitants qui, en raison de leur âge ou de leur santé, auront cessé d'être soumis à cet impôt [7].

---

vient résider dans la commune où il est né, mais qui a tiré au sort dans une commune autre et dans laquelle il avait nécessairement un domicile légal. Le droit d'inscription ne sera recouvré par ce citoyen qu'après l'accomplissement de six mois de résidence dans sa commune d'origine. — (Arr. civ. 24 avril 1877.)

Celui qui établit qu'il remplit dans une commune les conditions légales, lui donnant le droit d'être inscrit sur les listes électorales de cette commune, n'est pas tenu de rapporter en outre la preuve qu'il n'est plus ou n'a jamais été porté sur une autre liste. — (Arr. civ. 8 avril 1878.)

7. En droit, suivant le paragraphe n° 2 de l'article 5 de la loi du 7 juillet 1874, doit être porté sur la liste des électeurs municipaux d'une commune tout électeur qui, réunissant d'ailleurs les conditions voulues d'aptitude électorale, se trouve inscrit depuis un an au rôle d'une des quatre contributions directes alors même qu'il n'y réside pas, s'il a déclaré vouloir y exercer ses droits électoraux.

De cette disposition, combinée avec les autres prescriptions du même article, résulte pour le citoyen imposé depuis plus d'un an au rôle des contributions, dans une commune où il ne réside point, un droit d'option en vertu duquel il peut requérir son inscription dans cette commune pour l'exercice de ses droits électoraux, inscription qui, en l'absence d'une déclaration de sa part, n'aurait pu avoir lieu que dans la commune de sa résidence. — (Arr. req. 24 septembre 1874.)

L'inscription au rôle d'une des quatre contributions donnant droit à l'inscription sur la liste électorale, doit être personnelle au citoyen qui réclame son inscription.

La loi ne l'autorise pas à se prévaloir de l'inscription au rôle de sa femme dont il est séparé de biens. — (Arr. req. octobre 1874.)

L'adjudicataire d'un immeuble dans la jouissance duquel il est entré dès le jour de son adjudication, n'est pas recevable à exiger son incription par cela même que le cahier des charges de son adjudication l'obligeait à solder les contributions à partir de ce jour et le substituait à cet égard aux obligations de l'ancien propriétaire.

Le propriétaire indivis d'un immeuble qui n'est pas personnellement porté au rôle des quatre contributions n'est pas fondé à demander son inscription sur la liste électorale, encore bien que cette indivision résulte d'un acte authentique.

Celui qui est inscrit sur la liste de la commune de sa résidence ne saurait être admis à profiter, afin de se faire inscrire sur la liste municipale d'une autre commune, de ce qu'il figure sur les rôles des contributions, à moins d'établir qu'il s'est fait rayer de la liste électorale de sa résidence. — (Arr. req. 4 avril 1854 et 23 mars 1870 ; — Arr. vac. 9 octobre 1874 ; — Arr. civ. 9 et 14 mai 1875.)

Le citoyen inscrit personnellement depuis plus d'une année, soit au rôle des contributions directes, soit au rôle des prestations en nature de la commune où il réside, a le droit de se faire inscrire sur la liste électorale municipale de cette commune, sans être obligé de faire une déclaration spéciale de sa volonté d'y exercer ses droits électoraux. — (Arr. civ. 26 mars 1877.)

Celui qui réclame son inscription sur la liste électorale est recevable à produire, devant le juge de paix, les pièces propres à établir qu'il a fait une demande personnelle et qu'il a été rayé de la liste électorale de la commune de sa résidence et, de la sorte, justifie pleinement son droit d'être électeur dans la localité où, depuis plus d'une année, il est inscrit au rôle des contributions directes. — (Arr. civ. 24 avril 1877.)

La résidence n'étant pas une condition de l'inscription sur la liste électorale de ceux qui veulent s'y faire porter comme se trouvant dans les conditions spéciales déterminées par le paragraphe 2 de l'article 5 de la loi du 7 juillet 1874, et comme payant des contributions dans la commune, il y a nullité du jugement qui refuse une inscription en se fondant sur le seul défaut de résidence. — (Arr. civ. 24 avril 1877.)

L'inscription depuis plus d'un an au rôle de l'imposition sur les voitures et les chevaux, ne confère aucun droit particulier à l'inscription sur les listes électorales municipales. — (Arr. civ. 8 mai 1877.)

Il ne suffit pas de payer dans une commune des impôts dont sont grevés des immeubles que l'on y possède, il faut, pour avoir le droit de figurer sur la liste électorale, être personnellement inscrit sur les rôles des contributions. — (Arr. civ. 9 mai 1877.)

Le citoyen inscrit sur une liste dans une commune au rôle des contributions de laquelle il figure et qui justifie qu'il a opté pour l'exercice de ses droits dans cette commune, n'a pas, étant défendeur à l'action en radiation dirigée contre lui, à établir qu'il n'est pas porté sur la liste de la commune de sa résidence, il n'a pas

BIBLIOTHÈQUE NATIONALE R.F. IMPRIMÉS

§ III. — Qui se sont mariés dans la commune et justifieront qu'ils y résident depuis un an au moins [8].

§ IV. — Qui ne se trouvant pas dans un des cas ci-dessus, demanderont à être inscrits sur la liste électorale et justifieront d'une résidence de deux années consécutives dans la commune. Ils devront déclarer le lieu et la date de leur naissance.

Tout électeur inscrit sur la liste électorale pourra réclamer la radiation ou

---

non plus à prouver qu'il s'est fait radier de cette liste. Une semblable obligation est imposée à celui qui poursuit une inscription qui n'a pas encore été faite, et ne saurait l'être qu'à lui. — (Arr. vac. 9 octobre 1874 ; — Arr. civ. 9 et 14 mai 1876 ; — Arr. civ. 14 mai 1877.)

Le droit appartenant au citoyen, porté depuis plus d'une année sur les rôles des contributions, d'être inscrit sur la liste électorale de la commune pour laquelle ce rôle est dressé, ne saurait être conservé à celui qui a cessé de figurer sur le rôle applicable à l'année en vue de laquelle la liste électorale est établie. — (Arr. civ. 14 mai 1877.)

Celui qui veut user de la faculté spéciale que lui donne la loi de se faire inscrire sur la liste électorale de la commune au rôle des contributions de laquelle il figure depuis plus d'une année, doit, au préalable, se faire rayer de la liste de la commune de sa résidence ou justifier qu'il ne s'y trouve pas porté. — Arr. civ. 14 mai 1877.)

Du moment qu'un citoyen est inscrit depuis plus d'une année au rôle des contributions, il est en droit de se faire porter sur la liste des électeurs municipaux, sans que l'on soit admis à prétendre, bien que la mutation des rôles n'ait pas eu lieu, qu'il a cessé d'être propriétaire des immeubles soumis aux contributions.

En semblable circonstance, le juge de paix n'a pas à surseoir jusqu'à ce que le réclamant ait fait statuer par l'administration compétente sur sa prétention d'obtenir le changement des rôles.

Un sursis n'est obligatoire qu'au cas d'une exception préjudicielle d'état ou de nationalité. — (Arr. civ. 14 mai 1877.)

L'électeur inscrit sur la liste municipale, dans la commune au rôle des contributions de laquelle il figure, peut continuer à être inscrit, dans la commune de sa résidence, sur la liste complémentaire destinée à l'exercice du droit électoral politique.

Dès lors, et en cas d'option, il est, relativement à l'exercice du droit électoral municipal, satisfait à la loi, si l'optant justifie qu'il s'est fait rayer de la liste municipale de sa résidence et qu'il a seulement réservé son inscription distincte sur la seconde liste de la même commune. De cette manière, il y a possibilité de mentionner sur la liste de la commune pour laquelle l'électeur a fait son choix, qu'il y exercera seulement le droit de participer aux élections municipales. — (Arr. civ. 15 mai 1877.)

Un jugement prétend à tort qu'un citoyen n'est pas inscrit depuis plus d'un an sur le rôle des contributions directes, quand cette inscription est établie authentiquement par un certificat produit devant le juge et délivré par le receveur des contributions. — (Arr. civ. 27 juin 1877.)

Lorsqu'un certificat, émané du percepteur, établit qu'un citoyen figure, depuis plus d'un an, sur le rôle des contributions, le juge de paix ne peut rejeter la demande d'inscription, en ne tenant aucun compte de ce document. — (Arr. civ. 27 juin 1877.)

On doit inscrire sur la liste, dès qu'ils le demandent, les citoyens qui sont inscrits depuis un an au rôle de la contribution foncière.

Les émigrations périodiques, commandées par l'insalubrité du pays, ne peuvent avoir pour effet de réduire le temps de résidence nécessaire pour réclamer l'inscription électorale.

Le fils d'étranger né en France, qui a satisfait à la loi du 22 mars 1849, doit être inscrit sur les listes électorales. — (Arr. civ. 27 juin 1877.)

Le juge de paix écarte à bon droit la demande d'inscription sur les listes électorales à lui présentée, dans l'intérêt de citoyens, quand il déclare que ceux-ci ne sont ni habitants de la commune, ni imposés sur ses rôles de contributions.

C'est de même à bon droit que le juge écarte la demande formée au nom d'un citoyen imposé dans la commune, mais qui, inscrit sur la liste d'une autre commune, ne justifie pas que son nom ait été radié de cette liste. — (Arr. civ. 3 avril 1878.)

Une demande personnelle est nécessaire pour que celui qui ne réside pas dans une commune soit porté sur les listes électorales de cette commune à raison de ce qu'il y figure sur les rôles des contributions directes ou des prestations en nature.

L'inscription au rôle des contributions doit être personnelle. Ainsi, par exemple, un citoyen ne peut pas prétendre, pour se faire porter sur la liste électorale d'une commune, exciper de ce qu'il est héritier d'une personne dont le nom se trouve sur les rôles des contributions de cette commune. — (Arr. civ. 3 avril 1878.)

8. Si la loi permet d'inscrire sur la liste électorale ceux qui résident depuis une année dans la commune où ils se sont mariés, elle ne fait pas la même faveur à celui qui, sans avoir contracté mariage dans une commune, a seulement épousé une femme née dans cette commune. Il est sans droit pour être porté sur les listes de la commune d'origine de sa femme. — (Arr. civ. 9 mai 1877.)

l'inscription d'un individu omis ou indûment inscrit [9].

§ V. — Qui, en vertu de l'article 2 du traité de paix du 10 août 1871, ont opté pour la nationalité française et déclaré fixer leur résidence dans la commune, conformément à la loi du 19 juin 1871 [10].

9. Aux termes du § IV de l'article 5 de la loi du 7 juillet 1874, les individus qui, se trouvant dans le cas prévu par ce paragraphe, veulent être portés sur la liste électorale où ils résident depuis deux ans, doivent en faire la demande; l'accomplissement de cette formalité est la condition nécessaire de leur inscription, le texte, comme l'esprit de la loi, exigeant de leur part une manifestation de volonté, une démarche personnelle que nul ne peut faire à leur place et sans leur mandat. — (Arr. req. 1er octobre 1874.)

La seule réclamation d'un réclamant ne pouvant constituer la justification d'une résidence de deux années consécutives dans la commune, exigée par l'article 5 de la loi du 7 juillet 1874, le jugement qui ordonne l'inscription d'un réclamant sur la liste électorale municipale d'une commune, doit mentionner la justification de la résidence exigée par la loi. — (Arr. req 23 mars 1875.)

La demande en inscription que doit personnellement faire l'intéressé, résulte suffisamment d'une lettre par lui adressée au maire de la commune. — (Arr. civ. 24 avril 1877.)

Les personnes internées dans un hospice doivent être inscrites sur la liste électorale municipale, du moment que leur résidence s'étant prolongée pendant deux années consécutives, elles réunissent les autres conditions voulues par la loi. — (Arr. req. 1er avril 1873; arr. req. 4 novembre 1874; arr. civ. 24 avril 1877.)

C'est avec raison que le juge de paix refuse de faire inscrire sur une liste électorale un citoyen dont on ne produit pas la demande personnelle, condition nécessaire pour l'inscription.

Il lui appartient, aussi bien qu'à la commission municipale, de relever d'office l'inaccomplissement de cette formalité essentielle. — (Arr. civ. 24 avril 1877.)

Il y a lieu d'annuler le jugement des constatations, duquel il ressort que le citoyen dont il a ordonné l'inscription sur la liste électorale municipale d'une commune dans laquelle il n'est pas né ou n'a pas satisfait à la loi du recrutement, n'a que six mois de résidence dans cette commune. — (Arr. civ. 24 avril 1877.)

Du moment où le juge de paix a constaté que les personnes, dont l'inscription sur la liste électorale d'une localité était requise, avaient leur habitation permanente et leurs principales ressources dans une autre localité, et déclare que ces citoyens, inscrits sur la liste de leur domicile, ne se trouvaient pas dans l'un des cas où la loi permet l'exercice des droits électoraux dans un lieu autre que celui de la résidence, c'est avec raison qu'il a refusé d'ordonner le changement d'inscription qui lui était demandé.

C'est de même avec raison que le juge de paix rejette la demande tendant à ce qu'il ordonne que le nom d'un électeur sera radié de la liste électorale d'une commune lorsqu'il reconnaît que cet électeur demeure dans cette commune, où il s'est marié, qu'il y est inscrit au rôle des contributions, qu'il s'est fait radier d'une liste sur laquelle il avait été porté à tort, et que la décision ordonnant cette radiation n'a point été attaquée. — (Arr. civ. 8 mai 1877.)

Le droit de réclamer la radiation ou l'inscription d'un individu indûment porté sur une liste électorale ou omis sur cette liste, n'appartient qu'à l'électeur inscrit dans la circonscription.

Dès lors, celui qui est seulement en instance afin de se faire porter sur une liste, ne saurait interjeter appel pour suivre la réformation d'une décision de la commission municipale refusant une inscription ou une radiation réclamée, et son appel est à bon droit déclaré non recevable, bien que sa demande personnelle d'inscription ait été accueillie par une sentence du même jour. — (Arr. civ. 9 mai 1877.)

L'inscription demandée est à bon droit repoussée par le juge, qui constate que celui dont on poursuit l'inscription sur le registre d'une commune demeure dans une autre commune et n'a fait aucune demande d'inscription. — (Arr. civ. 17 mai 1877.)

Une pièce non produite devant le juge de paix et tardivement présentée à la cour de Cassation, ne peut servir à établir que le réclamant justifie de l'accomplissement de celles des conditions que le tribunal a dit lui manquer, pour qu'il pût obtenir son inscription sur la liste. — (Arr. civ. 17 mai 1877.)

Un citoyen peut avoir son domicile légal dans une commune; du moment qu'il n'y réside pas en réalité, son inscription sur la liste électorale de cette localité doit lui être refusée. — (Arr. civ. 4 juin 1877.)

10. La loi n'exclut pas des listes électorales ceux qui ne remplissant pas, lors de leur formation, les conditions d'aptitude et de capacité nécessaires, viennent à les remplir avant la clôture définitive, pourvu qu'ils aient formé leurs réclamations dans les délais fixés par l'article 3 du décret du 11 juillet 1874 et 19 du décret organique du 2 février 1852; elle a même formellement prescrit d'y inscrire les citoyens qui ne satisfont aux conditions d'âge et de résidence exigées, qu'à l'époque de cette clôture. — (Arr. req. 9 octobre 1874.)

En matière électorale, les causes d'incapacité sont de droit étroit et ne peuvent être étendues d'un cas à un autre. — (Arr. req. 1er octobre 1874.)

§ VI. — Qui sont assujettis à une résidence obligatoire dans la commune en qualité soit de ministres des cultes reconnus par l'État, soit de fonctionnaires publics.

Seront également inscrits les citoyens qui, ne remplissant pas les conditions d'âge et de résidence ci-dessus indiquées lors de la formation des listes, les rempliront avant la clôture définitive.

L'absence de la commune, résultant du service militaire, ne portera aucune atteinte aux règles ci-dessus édictées pour l'inscription sur les listes électorales [11].

ARTICLE 6. — Ceux qui, à l'aide de déclarations frauduleuses ou de faux certificats, se seront fait inscrire ou auront tenté de se faire inscrire indûment sur une liste électorale ; ceux qui, à l'aide des mêmes moyens, auront fait inscrire ou rayer, tenté de faire inscrire ou rayer indûment un citoyen, et les complices de ces délits, seront passibles d'un emprisonnement de six jours à un an et d'une amende de cinquante à cinq cents francs. — Les coupables pourront, en outre, être privés pendant deux ans de l'exercice de leurs droits civiques.

---

11. Le *fonctionnaire* assujetti à une résidence obligatoire dans une commune et qui, à ce titre doit, aux termes du § 6 de l'article 5 précité, être porté sur la liste électorale de cette commune, participe au droit d'option, tout aussi bien que les électeurs des diverses autres catégories déterminées par la loi. — (Arr. req. 24 septembre 1874.)

Les *fonctionnaires* soumis à une résidence obligatoire dans la commune où ils exercent leurs fonctions ne peuvent bénéficier de la disposition exceptionnelle édictée par le n° 6 de l'article 5 de la loi du 7 juillet 1874, lorsqu'ils ont conservé leur résidence effective dans une autre commune. — (Arr. civ. 12 juin 1877.)

Les *avocats* n'étant pas tenus de résider dans la ville où siège le tribunal du barreau auquel ils sont inscrits, c'est une question de fait que celle de savoir quelle est la commune de leur véritable domicile, et la solution qui lui est donnée par le juge de paix est souveraine. — (Arr. civ. 24 avril 1877.)

La qualité d'*huissier* près d'une justice de paix ne donne pas elle-même droit à cet huissier d'être inscrit comme électeur sur la liste de la commune du siége de la justice de paix.

Les fils de cet huissier ne peuvent, par suite, exciper de ce qu'ils suivraient la condition de leur père pour être inscrits sur la liste électorale de cette même commune. — (Arr. civ. 6 mai 1878.)

Les *ministres du culte*, attachés comme professeurs à un petit séminaire ou autre établissement ecclésiastique, sont, tout aussi bien que ceux qui desservent une paroisse, investis de fonctions emportant obligation de résider dans la commune où ils exercent ; ils doivent par conséquent, comme ces derniers, jouir du bénéfice de l'article 5, § 6, de la loi du 7 juillet 1874. — (Arr. civ. 24 avril 1877.)

Les *desservants* et ministres du culte étant assujettis à une résidence obligatoire, ils ne sauraient être inscrits sur la liste électorale d'une commune autre que celle où ils exercent leurs fonctions, sous prétexte qu'ils y résideraient en réalité. — (Arr. civ. 17 mai 1877.)

Le droit d'inscription sur la liste électorale d'une commune appartenant sans délai à celui qui, ayant satisfait à la loi du recrutement *militaire* dans la commune où il est né, vient y résider, n'appartient pas à celui qui vient résider dans la commune où il est né, mais qui a tiré au sort dans une commune autre et dans laquelle il avait nécessairement un domicile légal.

Le droit d'inscription ne sera recouvré par le citoyen qu'après l'accomplissement de six mois de résidence dans sa commune d'origine.

La disposition de la loi d'après laquelle l'absence de la commune pour cause de service militaire ne fait pas cesser le droit d'être porté sur la liste électorale, permet l'inscription du militaire sur la liste de la commune où il satisfait à la loi du recrutement, elle ne lui confère pas le droit d'être porté sur la liste de la commune où il est né, au cas où il aurait cessé d'y avoir une résidence. — (Arr. civ. 24 avril 1877.)

Le temps passé sous les drapeaux n'ôte pas à la résidence dûment constatée son caractère consécutif et compte pour l'accomplissement de la durée nécessaire à l'exercice du droit d'électeur. — (Arr. req. 11 mai 1875 ; — Arr. civ. 24 avril 1877.)

Les six mois de résidence qui donnent le droit d'être porté sur les listes électorales aux citoyens qui, nés dans une commune, reviennent y résider, peuvent ne pas être accomplis au moment où commence la révision des listes ; il suffit qu'ils soient complétés à l'époque de la clôture définitive de la liste, soit au 31 mars de chaque année. Dès lors, doit être cassée la sentence qui ordonne la radiation sur la liste électorale, sous le prétexte qu'il n'a pas six mois de résidence, du citoyen qui aura effectivement résidé pendant six mois avant l'époque de la clôture des listes. — (Arr. civ. 26 mars 1877.)

L'article 463 du code pénal est dans tous les cas applicable [12].

ARTICLE 7. — Les dispositions des lois antérieures ne sont abrogées qu'en ce qu'elles ont de contraire à la présente loi [13].

ARTICLE 8. — Pour l'année 1874, les listes seront dressées immédiatement après la promulgation de la présente loi, et les délais déterminés par les décrets du 2 février 1852 seront observés [14].

---

12. L'interdiction du droit de vote, encourue par celui qui est condamné comme ayant outragé un fonctionnaire public à l'occasion de ses fonctions, ne s'applique pas à la personne frappée d'une condamnation fondée sur l'article 19 de la loi du 17 mai 1819, qui réprime l'injure envers les dépositaires de l'autorité publique. — (Arr. civ. 6 mai 1878.)

13. Le décret de 1852 étant encore en vigueur sous ce rapport, celui qui a été condamné pour outrage à la morale publique est légalement radié de la liste électorale, sans que, d'une part, il puisse prétendre que la loi de 1849 ne fait pas d'une semblable condamnation une cause d'incapacité, et que, d'autre part, il lui soit permis d'exciper des décrets d'amnistie relatifs aux délits politiques, lesquels sont absolument étrangers aux causes de la condamnation. — (Arr. civ. 14 août 1850 ; — Arr. req. 6 nov. 1872 ; — Arr. civ. 10 et 17 mars 1873 ; — Arr. req. octobre 1874.)

Celui qui n'a pas été partie au jugement qu'il attaque est non recevable dans son pourvoi. Il en est ainsi, même lorsque l'inscription du demandeur sur la liste a été ordonnée, à la requête d'un tiers, par le jugement attaqué, si ce demandeur prétend se substituer au tiers afin de contredire les chefs du jugement qui ne le touchent pas directement. — (Arr. civ. 24 avril 1877.)

Il y a lieu de déclarer non recevable dans son recours le demandeur qui, pas plus dans sa déclaration de pourvoi que dans un écrit ultérieur, ne signale aucun moyen de cassation et ne précise aucun article de loi qui aurait été violé à son préjudice. — (Arr. civ. 24 avril 1877.)

Les tribunaux ayant un pouvoir discrétionnaire quant à la répartition des dépens, c'est avec raison qu'un jugement a mis à la charge de l'une des parties les dépens de première instance et compensé les frais d'appel. — (Arr. civ. 4 juin 1877.)

L'omission à statuer constitue en matière électorale une ouverture à cassation. — (Arr. req. 10 février 1868 ; — Arr. req. 6 avril 1869 ; — Arr. civ. 1er avril 1878.)

Est tardif et non recevable le pourvoi formé le onzième jour après celui de la notification de la sentence attaquée.

Il en est ainsi alors même que le dixième jour aurait été férié.

Il n'y a pas lieu, en ce cas, d'appliquer la disposition spéciale de la loi de 2 juin 1862. — (Arr. req. 11 mars 1868 ; — Arr. civ. 28 mars 1878.)

Aucune loi postérieure n'a abrogé ni modifié en ce qui concerne les élections municipales l'article 6 de la loi du 27 juillet 1849 et la loi de 1850. En particulier la loi du 30 novembre 1875, qui dispose pour les élections législatives, est inapplicable aux élections municipales.

Les bulletins de vote pour les élections municipales doivent, comme par le passé, être préalablement déposés au parquet du procureur de la République, avec la signature des personnes portées sur ces bulletins, sous peine de contravention à l'article 6 précité.

Le citoyen qui n'a pas fait ce dépôt au parquet a commis une contravention matérielle, exclusive de bonne foi. Il ne saurait légalement invoquer une circulaire du garde des sceaux, ministre de la justice.

Une circulaire ministérielle, en effet, n'anéantit pas les prescriptions d'une loi existante, et si le ministère public a pu recevoir des instructions pour ne pas exercer des poursuites d'office contre ces délinquants, le droit d'action de chaque partie lésée peut utilement s'exercer. — (Arr. crim. 24 mai 1878.)

14. *De quelques cas particuliers d'irrecevabilité et de recevabilité des pourvois en matière électorale.*

Les président et membres d'une commission municipale sont sans qualité pour déférer à la cour de Cassation la sentence par laquelle un juge de paix infirme une décision rendue par cette commission. — (Arr. civ. 8 mai 1877.)

La dénonciation du pourvoi, fait en matière électorale, doit être signifiée directement au défendeur intéressé ; il ne suffit pas qu'elle touche une personne qui s'est présentée devant le juge de paix comme mandataire de cet intéressé. — (Arr. civ. 8 mai 1877.)

Un moyen qui n'a pas été présenté au juge de paix est nouveau et irrecevable devant la cour de Cassation. Il en est ainsi alors que, sans produire l'arrêt qui l'a condamné, le demandeur soutient que le fait, qui a motivé la condamnation prononcée contre lui, n'est pas un de ceux qui entraînent l'interdiction des droits électoraux. Il y a irrecevabilité du pourvoi formé par un demandeur qui n'a fait connaître les moyens de fait et de droit sur lesquels il le fonde, ni dans son acte de recours, ni dans aucun acte ultérieur. — (Arr. civ. 25 mars 1878.)

Lorsque le juge de paix a déclaré que le demandeur ne résidait pas dans la commune, sur les listes de laquelle il prétendait se faire porter, et ne se prévalait d'ailleurs d'aucune des conditions autorisant son inscription sur les listes électorales d'une commune autre que celle de sa résidence, la cour de Cassation n'a pas à réviser l'appréciation des documents dont le juge de paix a induit le défaut de résidence.

Elle n'a pas davantage à se livrer à l'examen de documents nouveaux dont la production est d'ailleurs irrecevable. — (Arr. civ. 25 mars 1878.)

Le recours en cassation est non recevable si le demandeur l'appuie uniquement sur un moyen qu'il n'a pas présenté devant le juge de paix.

Un pourvoi en cassation est non recevable s'il est formé dans l'intérêt d'un citoyen dont l'inscription sur la liste électorale n'a pas fait l'objet d'une réclamation soumise au juge de paix.

Il y a lieu de rejeter le pourvoi formé dans l'intérêt d'un citoyen qui ne réside pas dans la commune, sur la liste de laquelle le demandeur entend le faire porter et qui ne remplit d'ailleurs, dans cette commune, aucune des conditions pouvant autoriser son inscription sur la liste de ses électeurs. — (Arr. civ. 1er avril 1878.)

Le demandeur qui n'a pas notifié son recours à la personne intéressée à défendre le jugement attaqué, doit être déclaré non recevable dans son recours.

Il en est ainsi, alors même que le défendeur est le sous-préfet intervenant au nom de l'administration. — (Arr. req. 16 septembre 1874; Arr. civ. 24 avril 1877; Arr. civ. 1er avril 1878.)

Sont irrecevables : 1o Les pourvois formés par des demandeurs qui n'ont pas été parties au jugement qu'ils attaquent, fussent-ils maires des communes de la liste électorale desquelles il s'agirait;

2o Ceux formés par les président et membres des commissions municipales;

3o Ceux qui n'ont pas été dénoncés dans les délais légaux à ceux sur l'appel desquels le jugement attaqué a été rendu;

4o Est également non recevable le recours qui, fondé seulement sur cette prétention que le juge de paix a faussement appliqué la loi électorale, n'a pas été complété par un écrit ultérieur précisant les moyens de fait et de droit présentés à son appui. — (Arr. civ. 2 avril 1878.)

C'est à juste titre que la cour refuse d'avoir égard à des pièces dont la production est irrecevable, ces documents n'ayant pas été produits au moins devant le juge de paix. — (Arr. civ. 3 avril 1878.)

Le pourvoi est irrecevable lorsqu'il n'a pas été notifié, dans les délais légaux, aux parties intéressées à faire maintenir la décision contre laquelle il est dirigé.

Le recours doit, par suite, être dénoncé, notamment à ceux sur la poursuite ou l'appel desquels la sentence attaquée a été rendue, ainsi qu'à ceux dont le demandeur prétend faire radier les noms de la liste électorale. — (Arr. civ. 8 avril 1878; Arr. civ. 1er avril 1878.)

Est irrecevable le pourvoi formé par un demandeur qui n'a pas été partie au jugement qu'il attaque.

Il en est ainsi, même au cas où le demandeur aurait assisté aux débats comme mandataire d'un des contestants. — (Arr. civ. 8 avril 1878.)

Il y a lieu de rejeter, comme manquant en fait, le pourvoi qui remet uniquement la question devant la cour suprême, une question de résidence souverainement tranchée par le juge de paix. — (Arr. civ. 8 avril 1878.)

Est irrecevable le pourvoi qui n'est appuyé d'aucun écrit indicatif des moyens de fait ou de droit sur lesquels le demandeur le fait reposer. Article 1er, titre II, du règlement du 30 juin 1838. — Arr. civ. 8 avril 1878.)

Le pourvoi formé par le président et les membres de la commission électorale ou par l'un d'eux, en cette qualité, est irrecevable, nul ne pouvant être à la fois juge et partie dans la même affaire. — (Arr. civ. 8 avril 1878.)

Dans les matières électorales le pourvoi est valablement formé par une requête directement adressée, en temps utile, à la cour de Cassation, et il est valablement dénoncé dans le délai légal courant à compter de la date de la requête. — (Arr. civ. 6 mai 1878.)

Il y a lieu de rejeter, comme manquant en fait, le recours qui tend à remettre en question une condition de résidence souverainement tranchée par le juge de paix dans sa décision portant que les électeurs, dont l'inscription est requise, ne résident pas dans la commune dont la liste est l'objet du débat. — (Arr. civ. 6 mai 1878.)

Fontainebleau. — M. E. Bourges imp. breveté.

LA FRANCE JUDICIAIRE

REVUE BI-MENSUELLE

DE LÉGISLATION, DE JURISPRUDENCE ET D'ÉLOQUENCE JUDICIAIRE

plus spécialement consacrée à recueillir

LES TRAVAUX JURIDIQUES, HISTORIQUES ET LITTÉRAIRES

DE LA MAGISTRATURE ET DU BARREAU

PUBLIÉE SOUS LE PATRONAGE DE

MM. **G. Bédarrides** (O. ❋), président à la Cour de cassation; — **A. Pouyer** (❋), président du tribunal de Rouen; — **E. Rousse** (❋), ancien bâtonnier de l'Ordre des avocats de Paris.

PAR

CHARLES CONSTANT

Avocat à la Cour d'appel de Paris.

AVEC LA COLLABORATION DE

MM. **Bauny de Récy,** sous-chef à la direction générale des Domaines; — **Belot,** professeur à la Faculté des lettres de Lyon; — **Bertin** (❋), avocat à la Cour de Paris, ancien rédacteur en chef du *Droit;* — **Chaix d'Est-Ange** (❋), avocat à la Cour de Paris; — **Coulon** (Henri), avocat à la Cour de Paris; — **Coulon** (❋), conseiller honoraire à la Cour d'Angers; — **Desjardins** (❋), avocat général à la Cour de cassation; — **Desmaze** (O. ❋), conseiller à la Cour de Paris; — **Flourens** (❋), maître des Requêtes au Conseil d'État; — **Garraud,** professeur à la Faculté de droit de Lyon; — **Glasson,** professeur à la Faculté de droit de Paris; — **Huart,** avocat à la Cour de Paris; — **Martin le Neuf de Neuf-Ville** (O. ◉), vice-président du Tribunal d'Alençon; — **Morillot,** substitut du procureur général près la Cour de Douai; — **Vente** (❋), conseiller à la Cour de cassation; — **Villey,** professeur agrégé à la Faculté de droit de Caen; — **Viollaud,** conseiller à la Cour d'Orléans.

PRIX DE L'ABONNEMENT

18 francs par an

PARIS

A. DURAND et PEDONE-LAURIEL, ÉDITEURS

LIBRAIRES DE LA COUR D'APPEL ET DE L'ORDRE DES AVOCATS

G. PEDONE-LAURIEL, SUCCESSEUR

13, rue Soufflot, 13.

Fontainebleau. — E. Bourges, imp. breveté.

www.ingramcontent.com/pod-product-compliance
Lightning Source LLC
LaVergne TN
LVHW011054050726
842519LV00004B/1621